Energía

Suzanne Barchers

Asesoras

Sally Creel, Ed.D.
Asesora de currículo

Leann Iacuone, M.A.T., NBCT, ATC
Riverside Unified School District

Créditos de imágenes: pág.10 Image Source Plus/Alamy; pág.23 Image Source/Alamy; pág.27 Angela Hampton Picture Library/Alamy; págs.28–29 (ilustraciones) J.J. Rudisill; todas las demás imágenes cortesía de Shutterstock.

Teacher Created Materials
5301 Oceanus Drive
Huntington Beach, CA 92649-1030
http://www.tcmpub.com

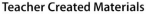

Contenido

La energía a tu alrededor

Mira a tu alrededor. ¿Hay una computadora encendida? ¿Hay un televisor encendido? Escucha. ¿Puedes escuchar niños hablando? ¿Puedes escuchar el zumbido de la luz?

Las máquinas y las personas usan la **energía**. ¿Estás sentado en una silla? ¿Estás quieto? Aun así estás usando energía.

¿Cómo funciona la energía?

Sabes lo que significa **trabajo**. Trabajas en la escuela y cuando practicas deporte. Puedes trabajar cuando tocas el piano. Puedes trabajar en las tareas domésticas en el hogar.

En ciencia, trabajar significa hacer que algo ocurra. Cada vez que respiras, el cuerpo está trabajando. Incluso cuando duermes, el cuerpo está trabajando. Todo este trabajo requiere energía.

¡Escucha!

Cuando hablas, mueves el aire. Esas ondas de **energía sonora** llegan a los tímpanos. Así es como escuchas.

¡Hola, rayito de sol!

La energía proviene de muchas fuentes. Una fuente siempre está trabajando para nosotros: el sol. El sol está lleno de energía. Sin el sol, no podríamos vivir en la Tierra.

El sol nos envía calor y luz. Las plantas usan la **energía de la luz** solar para crecer. Cuando comes plantas, esa energía pasa hacia ti.

Las personas y los animales obtienen energía de los alimentos que consumen. Las plantas reciben energía del sol.

¡Arriba!

¿Alguna vez te despiertas y aún te sientes cansado? Tu cuerpo necesita energía, así como un auto necesita gasolina. La energía del sol se almacena en los alimentos que comes.

Una vez que comes, el cuerpo empieza a trabajar. Usas más energía cuando estás activo. Si no estás activo, la energía de los alimentos se almacena dentro del cuerpo.

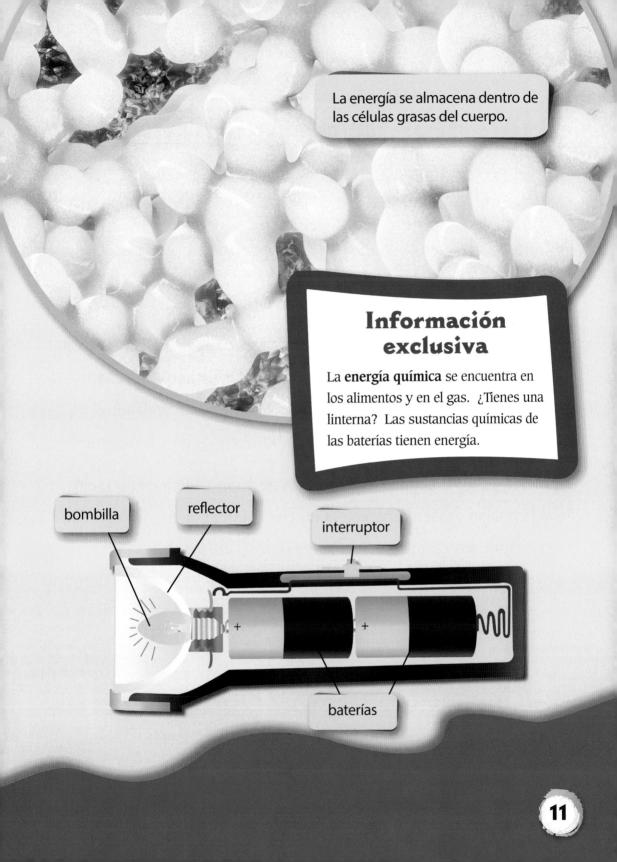

La energía se almacena dentro de las células grasas del cuerpo.

Información exclusiva

La **energía química** se encuentra en los alimentos y en el gas. ¿Tienes una linterna? Las sustancias químicas de las baterías tienen energía.

bombilla

reflector

interruptor

baterías

¡Mantente en movimiento!

Mucha energía se produce a través del movimiento. Por lo tanto, ¡energízate y sigue leyendo!

Energía eólica

Mira hacia afuera. ¿El viento está soplando? Las personas han usado la energía eólica durante miles de años. El viento puede mover una embarcación de vela. En una época los molinos de viento se usaron para bombear agua y moler maíz.

Es posible que veas turbinas de viento cerca de tu hogar. Emplean el viento para generar electricidad. Un grupo grande de turbinas eólicas se denomina *parque eólico*.

embarcación de vela

Las turbinas convierten la energía del viento en electricidad.

13

Energía hidráulica

El agua tiene energía, tal como la tiene el viento. Hace algunos años, se usaban molinos de agua. Funcionan de manera muy similar a los molinos de viento. El flujo del agua enciende las máquinas.

Una presa en un lago también genera energía. Contiene el agua. El agua se libera a través de tuberías. El agua tiene energía cuando fluye. Puede utilizarse para generar electricidad.

molino de agua

Almacénala para más tarde

El agua que contiene una presa tiene energía almacenada. La energía está en espera de ser usada.

presa

En movimiento

Piensa en lo que ocurre cuando golpeas una pelota. Golpéala fuerte y volará. Pero hay más energía en funcionamiento que solo la energía de tu brazo. La pelota tiene energía mientras se mueve.

Las cosas que se mueven tienen energía en movimiento. Las cosas rápidas tienen más energía en movimiento, y las cosas lentas tienen menos.

¿Qué tiene más energía en movimiento: un avión o un globo aerostático?

El avión más rápido del mundo puede volar casi a 7,000 millas por hora.

¡Eso está caliente!

Nadie sabe a ciencia cierta cuándo se usó el fuego por primera vez. Creemos que fue usado por personas que vivían en cavernas. El fuego proporciona energía calórica cuando se quema.

El fuego puede usarse para hacer más cosas que solo cocinar y mantenernos calientes. Una hoguera caliente puede usarse para hacer alfarería, doblar metal o dar forma al vidrio.

Fabricación de vidrio

Cuando el vidrio se calienta, puede doblarse y moldearse. Mantendrá la forma después de que se enfríe.

Las personas de las cavernas tenían pocas comodidades. El fuego era muy importante para su supervivencia.

Genera algo de calor

No necesitas tener fuego para generar calor. Frótate las manos mientras cuentas hasta 20. Las manos cerradas se sentirán calientes durante unos segundos.

Cuando te frotas las manos, están transmitiendo energía. Frotar dos cosas juntas causa **fricción**. La fricción siempre genera calor. La fricción puede utilizarse para encender un fuego.

Estas personas frotan dos palos entre sí para hacer un fuego.

Este niño siente el calor causado por la fricción cuando se frota las manos.

21

Electricidad y magnetismo

Este es un truco interesante. Frota un globo contra tu cabello. Luego, presiona el globo contra una pared. Se adherirá a la pared a causa de la **electricidad estática**. Un rayo es causado por el mismo tipo de electricidad.

Camina sobre una alfombra con las medias puestas. Es posible que recibas una descarga. También es causado por la electricidad estática.

La electricidad estática hace que a esta niña se le paren los pelos.

Consigue un par de imanes. Sostenlos cerca. Se atraen el uno al otro o se repelen entre sí. Esta fuerza se denomina **magnetismo**. No puedes verlo, pero puedes sentirlo.

Los científicos han aprendido a usar el magnetismo y la electricidad. Estos tipos de energía ayudan a mantener las luces encendidas y las casas abrigadas.

Esta niña recoge sujetapapeles de metal con un imán.

Siente la fuerza

La Tierra tiene un campo magnético. El campo tiene dos polos llamados el *polo norte* y el *polo sur*.

Trabaja para ti

Necesitamos energía en nuestras vidas. El reciclaje de objetos emplea menos energía que la fabricación de objetos completamente nuevos.

Se necesita menos energía para reciclar una lata de gaseosa que para hacer una lata de material nuevo.

También puedes ayudar a ahorrar energía. Apaga las luces que no se usen. ¿La casa está algo fría? No enciendas la calefacción. En cambio, ponte un suéter. Y no te olvides de comer los alimentos adecuados. ¡Entonces, tendrás mucha energía!

Ajustar el termostato a una configuración menor ahorra energía.

¡Hagamos ciencia!

¿Cómo se transfiere la energía? ¡Obsérvalo por ti mismo!

Qué conseguir

- 1 canica más grande
- 4 canicas más pequeñas del mismo tamaño
- regla con una ranura

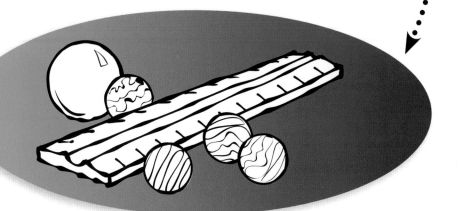

Qué hacer

1 Ubica la regla sobre una superficie plana. Coloca dos canicas del mismo tamaño sobre la regla. Ubícalas una al lado de la otra en el medio.

2 Coloca otra canica del mismo tamaño en un extremo de la regla. Hazla rodar hacia las otras canicas. ¿Qué sucede? Intenta hacerla rodar más fuerte y más suave.

3 Luego, coloca una canica del mismo tamaño en el otro extremo de la regla. Hazlas rodar al mismo tiempo hacia las otras canicas. ¿Qué sucede?

4 Coloca la canica más grande en un extremo de la regla. ¿Qué sucede cuando la haces rodar hacia las canicas en el medio?

Glosario

electricidad estática: electricidad que se acumula en la superficie de las cosas y puede causar una descarga

energía: potencia que puede usarse para hacer algo

energía de la luz: energía en forma de luz, como el sol

energía química: energía que se almacena en cosas como el alimento y el gas

energía sonora: energía que puedes oír mientras se mueve por el aire

fricción: una fuerza que disminuye la velocidad del movimiento

magnetismo: la atracción entre determinados metales

trabajo: algo que se realiza cuando una fuerza actúa sobre un objeto

Índice

¡Tu turno!

Sé un detective de la energía

¿Qué tipos de alimentos te dan más energía? Durante 10 días, escribe lo que desayunas. Intenta comer una cosa al desayuno dos o tres días consecutivos. Luego, cambia a un nuevo alimento. Revisa tu nivel de energía tres horas después. ¿Cuál es la mejor opción de desayuno para ti?